LOS CADDO Y LOS COMANCHE

Tribus indígenas americanas de Texas

T0136572

Sandy Phan

Consultora

Devia Cearlock
Especialista en estudios sociales de jardín
de niños a 12.° grado
Amarillo Independent School District

Créditos de publicación

Dona Herweck Rice, *Jefa de redacción*
Conni Medina, *Directora editorial*
Lee Aucoin, *Directora creativa*
Marcus McArthur, Ph.D, *Editor educativo asociado*
Neri García, *Diseñador principal*
Stephanie Reid, *Editora de fotografía*
Rachelle Cracchiolo, M.S.Ed., *Editora comercial*

Teacher Created Materials

5301 Oceanus Drive
Huntington Beach, CA 92649-1030
http://www.tcmpub.com

ISBN 978-1-4333-7208-7

© 2013 Teacher Created Materials, Inc.

Tabla de contenido

La tierra perdida

Honraban al sol y a la luna. Escuchaban a los espíritus de los animales. Creían que los espíritus traían sanación y poder en la guerra. Pero un día llegaron personas nuevas de otra tierra. Estos desconocidos creían tener derecho a apoderarse de la tierra y matar a los animales.

Los caddo y los comanche fueron dos de las tribus indígenas americanas más grandes de Texas. Estos indígenas americanos peleaban entre sí. También hacían **alianzas** e intercambiaban mercancías con otras tribus. Todas las tribus de indígenas americano honraban a la tierra. Pero los europeos creían que podían ser dueños de la tierra. Estos nuevos colonos amenazaban la forma de vida de los indígenas americanos.

Los comanche eran jinetes hábiles.

Los caddo trataron de vivir en paz con los colonos blancos. Se hicieron comerciantes entre los europeos y otras tribus. Los comanche eran una tribu más guerrera. Peleaban con los demás por las tierras de caza. Con el tiempo, casi la totalidad de las tribus indígenas americanas originales de Texas murieron debido a las guerras y las enfermedades. Los pocos sobrevivientes fueron trasladados a **reservaciones**. Las reservaciones son tierras protegidas que se preservan solamente para los indígenas americanos.

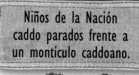

Niños de la Nación caddo parados frente a un montículo caddoano.

Montículos caddoanos

Aproximadamente en el año 800 los caddo construyeron una ciudad alrededor de dos templos en el este de Texas. A menudo quemaban los templos y construían otros nuevos encima de ellos. Enterraban a sus líderes en los alrededores. Los tres grandes montículos rituales todavía se levantan en el sitio histórico estatal *Caddoan Mounds*.

Danza de los espíritus

Wovoka, o Jack Wilson, creó la religión de la danza de los espíritus en 1889. Predicaba acerca de una nueva Tierra sin hombres blancos. Decía que los espíritus de los indígenas americanos y los bisontes muertos regresarían. La nueva tierra nunca llegó. Pero los caddo y otras tribus todavía realizan danzas de los espíritus para preservar su cultura.

perfil de un hombre caddo hecho en cobre

Los caddo
Origen y sociedad de los caddo

Los primeros caddo vivieron en el este de Texas desde el 700 hasta el 1300 d. C. Construían aldeas alrededor de templos situados sobre montículos de tierra. Eran cazadores, pescadores y recolectores. Posteriormente algunos grupos caddo se convirtieron en agricultores expertos.

La cultura caddo era **matrilineal**. Eso significa que los nombres de los clanes, o de los grupos, se transmitían de la madre a los hijos. La mayoría de los líderes caddo heredaban sus trabajos. Cada aldea tenía un *xinesi*, o sacerdote supremo, que estaba a cargo de las ceremonias religiosas. Los curanderos, llamados *connas*, sanaban a las personas enfermas. El *caddi*, o jefe, y los ancianos de la aldea hacían las reglas.

aldea caddo

jefe caddo

Había muchas tribus caddo, pero en la actualidad quedan tres **confederaciones** o niones. Los hasinai vivían en el este de exas. Su palabra para "amigo", *taysha*, ás tarde se convirtió en la palabra *Texas*. os natchitoches vivían en Luisiana. Los adohadacho vivían en las fronteras de exas, Oklahoma y Arkansas. Los anceses acortaron el nombre, onvirtiéndolo en *caddo*. Actualmente este rmino se utiliza para describir a todas las ibus que hablaban la lengua caddoana.

Lugar de las lágrimas

Los caddo creen que todas las personas solían vivir bajo tierra en la oscuridad. Un hombre caddo guió a los habitantes de su aldea hacia una luz en una cueva. Pero algunas personas quedaron atrapadas debajo de la tierra. Los caddo llaman *Cha'kani'na* a ese lugar de donde las primeras personas vinieron al mundo. Significa "lugar de las lágrimas".

Caddi Ayo

El dios supremo de los caddo era Caddi Ayo. Los caddo creían que los mellizos varones recibían mensajes de Caddi Ayo. Ellos comunicaban estos mensajes al *xinesi*, quien a su vez los transmitía a los caddo. Muchos mitos y religiones indígenas americanos incluyen a mellizos.

Los niños caddo

Los niños caddo ayudaban a realizar los quehaceres. Los varones aprendían a fabricar herramientas y armas. Las niñas aprendían a fabricar alfarería, canastas y ropa. Las mujeres también enseñaban a las niñas a cocinar. Los niños escuchaban las historias sobre la cultura caddo de los ancianos de la aldea.

maíz seco

Maíz

El maíz era una cosecha muy importante. Los caddo secaban el maíz en la mazorca, usaban las semillas para plantar, y trituraban el maíz seco y lo convertían en harina para hacer pan. El maíz crudo se cocinaba en guisos con carne y frijoles. Los caddo también intercambiaban maíz por carne de bisonte y caballos. Realizaban ceremonias de plantación de maíz y festejaban después de una buena cosecha.

Vida cotidiana de los caddo

La tierra natal de los caddo era el valle del río Rojo. Allí es donde se juntan Texas, Luisiana, Oklahoma y Arkansas. Los caddo **oraban** y se reunían en templos hechos sobre montículos en el centro de la aldea. Construían chozas de forma cónica, con postes de madera y paredes de paja. En el interior de cada choza ardía una fogata para cocinar y mantener el calor. Los caddo también usaban pieles de animales para abrigarse.

choza caddo

hombre caddo vestido con ropa de ceremonia

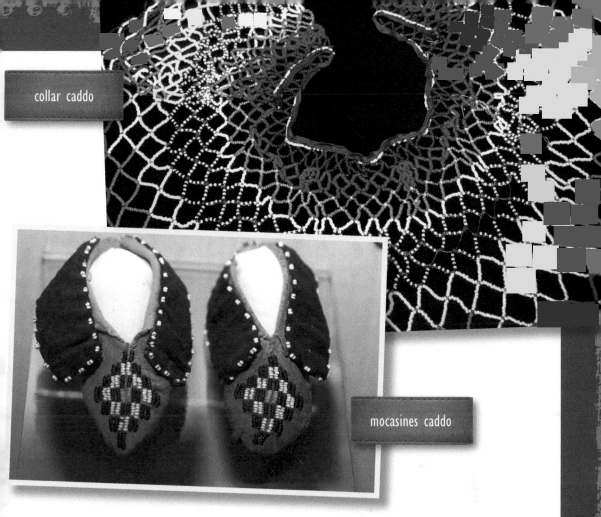

   Los caddo eran agricultores. Cultivaban maíz, frijoles, calabazas
y tabaco. Además, los hombres caddo eran cazadores y guerreros.
Usaban arcos y flechas, cuchillos y garrotes. Se dedicaban a la pesca
y a la caza de bisontes, ciervos y otros animales. Las mujeres caddo
recolectaban plantas silvestres. Secaban vegetales, frutas y carne.
También fabricaban canastas y recipientes de arcilla para guardar
los alimentos. Todos construían chozas y plantaban y recogían las
cosechas. Se reunían para celebrar fiestas y ceremonias.

   Los hombres caddo usaban **taparrabos** y las mujeres vestidos. Los
caddo protegían sus pies con **mocasines**, o zapatos hechos con cuero
de animal. Algunos hombres usaban el cabello en un **mohawk**, que
es una larga franja en el centro de la cabeza.

Los comanche

Origen y sociedad de los comanche

Los comanche eran un grupo perteneciente a la tribu shoshone. Eran cazadores y recolectores en los bosques de las montañas del noroeste central. En el siglo XVIII se trasladaron al sur, a las llanuras, donde se convirtieron en jinetes y guerreros expertos. Dominaron una extensa región en el oeste de Oklahoma y Texas llamada la *Comanchería*.

dibujo comanche de una cacería de bisonte

Los comanche eran un grupo **nómada**, que se trasladaba para buscar bisontes. Vivían en pequeños grupos familiares llamados *bandas*. Hubo alrededor de 13 grupos comanche principales. Los *penateka*, o "comedores de miel", fueron el primer grupo en trasladarse al sur. Los *kwahadi*, o "antílopes", vivían en el oeste de Texas. Los *nokone*, o "viajeros" se trasladaban por la Comanchería.

guerrero comanche

camisa de guerra comanche

¿Amigo o enemigo?

Los comanche se llamaban a sí mismos *numunu*, que significa "la gente". Sin embargo, la palabra *comanche* proviene de la palabra de la tribu ute para "enemigo". Los españoles también consideraban enemigos a los atacantes comanche, y los llamaban "komántcia".

Costumbres comanche

Los hombres comanche usaban taparrabos y mocasines con aletas en los tobillos. Se trenzaban el cabello y pintaban su cuero cabelludo a lo largo de la base de la trenza. Los guerreros se pintaban la cara y el cuerpo antes de la batalla. Ponían en su cabello cuernos de bisonte, plumas y cuentas. Las mujeres usaban vestidos de gamuza decorados con pintura, cuentas o metal tintineante.

Las bandas comanche eran gobernadas por un jefe de paz, un jefe de guerra y un consejo. Los jefes de paz eran hombres sabios que daban consejos a las bandas. Los jefes de guerra solamente eran líderes en épocas de guerra. Todos los hombres adultos participaban en los consejos de las bandas.

Vida cotidiana de los comanche

Las bandas comanche vivían en campamentos cerca de los arroyos. Las mujeres hacían la mayor parte del trabajo en el campamento. Cuidaban a los niños pequeños. Construían chozas de forma cónica llamadas *tipis*. Cosían ropa, cocinaban y recogían leña y plantas silvestres.

Los hombres comanche eran buenos cazadores. Perseguían bisontes, alces y osos. Los guerreros comanche luchaban para proteger sus tierras de caza. Asaltaban a sus enemigos para conseguir caballos y alimentos. Mataban a los hombres y capturaban a las mujeres y a los niños. Las mujeres se convertían en esclavas, y a algunos de los niños se les integraba a la banda.

Los niños eran muy importantes para los comanche. Los nuevos miembros fortalecían más a las bandas, especialmente los varones. Estos aprendían a cazar y a fabricar arcos y flechas. Las mujeres enseñaban a las niñas a coser y a cocinar. Tanto los niños como las niñas aprendían a montar a caballo.

tipi y rastra comanche

12

cabeza de flecha comanche hecha de piedra y unida a una punta de lanza

El jefe de la banda y su consejo decidían cuándo una banda debía trasladarse. Las mujeres comanche hacían una **rastra**, o trineo, con postes de tipis y pieles de bisontes. Cargaban la rastra y la descargaban en el nuevo campamento.

montura comanche

Sin desperdicio

Los comanche usaban todas las partes del bisonte. Comían su carne y sus órganos. Las mujeres usaban las pieles para hacer tipis y ropa. Transportaban agua en los estómagos de los bisontes. Con los huesos y los cuernos fabricaban herramientas. Los músculos, o tendones, se convertían en hilo y en cuerda para los arcos. Con el cuero duro hacían sillas de montar, suelas de mocasines y tambores.

Búsqueda de visión

Los comanche creían que cada persona tenía "medicina", o poder espiritual. Cada joven tenía una búsqueda de visión, o un viaje espiritual. Iba a las colinas en soledad durante cuatro días. Los espíritus le enviaban una visión que le otorgaba poderes espirituales. Los hombres necesitaban medicinas fuertes para ganar las batallas y para cazar.

Contacto con los europeos

En los siglos XVI y XVII los caddo y los comanche se encontraron con los exploradores españoles y franceses. Estos desconocidos cambiaron la forma de vida de los indígenas americanos.

Los españoles trajeron caballos a Nuevo México y Texas por primera vez en el siglo XVI. En 1680 los pueblo expulsaron a los españoles de Nuevo México. Los españoles dejaron atrás una gran cantidad de caballos en las llanuras. Los comanche se convirtieron en los mejores jinetes de Norteamérica. Los caballos les permitían a los comanche viajar a distancias más lejanas. Le hacían guerra a muchas tribus y dominaban las llanuras. Los caddo también aprendieron a cabalgar, pero permanecieron cerca de sus aldeas.

comanche con un comerciante de pieles

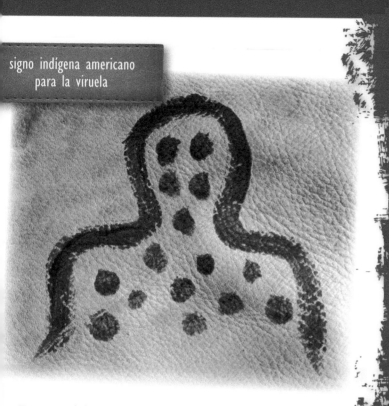

René-Robert de La Salle

Descubrimiento accidental

En 1682 René-Robert de La Salle reclamó el valle del río Misisipi para Francia. Sus planes eran fundar una **colonia** cerca del río en Luisiana. Sin embargo, su barco se perdió y llegó a Texas, donde construyó el fuerte Saint Louis. Algunos de sus hombres se casaron con mujeres caddo y se quedaron a vivir en la tribu. La Salle fue asesinado antes de que pudiera encontrar el río Misisipi.

Caballos

Los comanche usaban caballos para cazar y atacar. Los caballos también los ayudaban a trasladar sus campamentos y a recolectar alimentos. Si un hombre comanche era dueño de muchos caballos significaba que era rico.

Los caddo y los comanche comerciaban con los españoles y los franceses. Intercambiaban pieles de animales por caballos, armas, herramientas de metal y cazuelas para cocinar. Los hombres comenzaron a usar camisas de cuero después de conocer a los comerciantes europeos. Las tribus apache a menudo ayudaban a los españoles a luchar contra los atacantes comanche en Texas.

Los europeos también trajeron consigo enfermedades nuevas. Hacia fines del siglo XVIII la mitad de los caddo había muerto de enfermedades extranjeras como la **viruela**.

Llegan los estadounidenses

En el siglo XIX muchos estadounidenses se trasladaron hacia el oeste, a Texas. Tomaron las tierras de los caddo, los comanche y otras tribus que vivían allí.

En 1803 Francia vendió el territorio de Luisiana a Estados Unidos. Pero en la compra de Luisiana nunca se estableció una frontera clara entre Texas y Luisiana. En 1821 Texas pasó a ser territorio mexicano. México y Estados Unidos lucharon por las tierras caddo. El sendero de Santa Fe se abrió ese mismo año, con lo cual todavía más estadounidenses ingresaron en las tierras de los caddo.

Al principio los estadounidenses no se acercaron mucho a la Comanchería, pero tomaron el control de Texas en 1836. Pronto llegó una avalancha de colonos estadounidenses. Construyeron casas y fuertes en las tierras de caza de los comanche. Los comanche asaltaban las colonias blancas. Estados Unidos y los comanche no pudieron alcanzar una paz duradera. Los comanche no quisieron renunciar a sus tierras, y Estados Unidos se negó a imponer una frontera entre la Comanchería y las colonias estadounidenses.

Este mapa muestra el territorio de Luisiana.

Los comanche atacan una caravana.

Río Sabine

Muchos caddo vivían a orillas del río Sabine. Los españoles afirmaban que las tierras que rodeaban al Sabine formaban parte de Texas. Los franceses creían que eran parte de Luisiana. En 1806 Estados Unidos y España acordaron establecer la frontera entre Texas y Luisiana a lo largo del río Sabine.

Lucha en el ayuntamiento

En 1840 los comanche y los líderes texanos tuvieron una reunión. Texas quería que los comanche devolvieran a todos los cautivos y que dejaran de atacar a las colonias blancas. Pero el jefe de paz comanche no tenía control sobre todas las bandas comanche. Llegaron los soldados texanos y se produjo una lucha. Cuando terminó la lucha en el ayuntamiento habían muerto 35 comanche.

Relaciones tribales
Los caddo y sus vecinos

Durante años los caddo en general vivieron en paz con otras tribus. Vivían en zonas abiertas sin puertas **fortificadas**. Los caddo eran comerciantes famosos. Muchas tribus venían a intercambiar con ellos. Los españoles de Nuevo México supieron de los caddo a través de los jumano. Los caddo intercambiaban alfarería, arcos, maíz y sal. Recibían conchas y **turquesa** provenientes de zonas tan lejanas hacia el oeste como California.

En el siglo XVIII y a principios del XIX los caddo tuvieron que pelear contra muchos otros grupos de indígenas americanos. Llegaron tribus desde el norte y el este, como por ejemplo los osage, choctaw y chickasaw. Estos grupos rivales de indígenas americanos tenían armas. Llegaron a las tierras de los caddo para escapar de los colonos estadounidenses. Los jinetes apache y comanche del oeste atacaban las aldeas caddo. Los caddo tenían problemas para defenderse de los atacantes porque estaban debilitados por las enfermedades europeas.

Los caddo se convirtieron en socios comerciales de los franceses. Otras tribus intercambiaban pieles de animales, caballos y esclavos apache a través de los caddo. Los caddo intercambiaban esos bienes por armas francesas y mercancías europeas.

piedras de turquesa

Jeri Redcorn

Jeri Redcorn es una mujer caddo moderna que vio alfarería caddo antigua en un museo. Ella quiso aprender a fabricar estas piezas, pero nadie realizaba este tipo de alfarería desde hacía mucho tiempo. Entonces, se enseñó a sí misma este arte perdido de sus ancestros. Cuando fabrica estas piezas, piensa en sus ancestros caddo. Piensa en qué herramientas habrán utilizado y cómo habrán sido sus vidas.

Algunos **arqueólogos** han pedido a Redcorn que copie piezas antiguas. Compran su alfarería para exhibirla en los museos. Redcorn también enseña a otros el arte caddo para que nunca más se convierta en un arte perdido.

alfarería de Jeri Redcorn

jefe Quanah Parker

Quanah Parker

Quanah Parker fue un líder comanche famoso. Su madre era una cautiva blanca que se había integrado a la banda kwahadi. El padre de Quanah era un jefe de guerra. Quanah se convirtió en jefe de los kwahadi. Dirigió la batalla contra los cazadores de bisontes. También ayudó a difundir la religión de la iglesia indígena americana.

Contar los golpes

Los guerreros indígenas americanos demostraban su valor en la batalla "contando golpes". Contar golpes significaba tocar al enemigo durante una lucha. Para muchas tribus, contar golpes era una forma de ganar sin matar a demasiados hombres. Sin embargo, los comanche mataban a la mayoría de los hombres que tocaban. También les arrancaban el **cuero cabelludo** como prueba de su conteo de golpes.

Enemigos y aliados comanche

Los comanche eran una tribu guerrera y peleaban con muchas tribus indígenas americanas por las tierras de caza. Eran famosos por ser los guerreros más temibles de las llanuras.

Los comanche expulsaron a los apaches mescalero y jicarilla de Texas. Solamente los apaches lipan permanecieron para luchar, pero los comanche los expulsaron de las llanuras hacia el oeste. Los lipan colaboraron con los españoles, los mexicanos y los estadounidenses para luchar contra los comanche.

Un guerrero shoshone cuenta un golpe a un enemigo.

guerrero apache lipan

campamento kiowa

A principios del siglo XIX Estados Unidos trasladó a las tribus indígenas americanas a territorio indio en Oklahoma. Los comanche atacaban a cualquiera que estuviese en sus tierras. Pero en 1835 Estados Unidos los obligó a firmar un **tratado** en el que prometían dejar tranquilos a los grupos indígenas americanos del este.

No todas las tribus consideraban enemigos a los comanche. Los kiowa y los comanche alguna vez pelearon por las tierras. Pero en 1805 un guerrero kiowa pasó un verano con los comanche. Con el tiempo, las dos tribus hicieron las paces.

Expulsados de su tierra
Los caddo dejan su tierra natal

Los franceses y los españoles habían prometido no establecerse en la tierra de los caddo. Después de la compra de Luisiana, los caddo pidieron a los estadounidenses que hicieran la misma promesa. Al principio los estadounidenses aceptaron mantenerse alejados del territorio caddo porque necesitaban la ayuda de los caddo en sus luchas fronterizas con España.

Los caddo también ayudaron a los estadounidenses a luchar contra los británicos en la guerra de 1812. Pero después de que Estados Unidos ganó la guerra, ya no necesitaban la ayuda de los caddo. Pronto los colonos comenzaron a llegar en tropel a la tierra de los caddo.

batalla de Nueva Orleans en la guerra de 1812

Internados

Estados Unidos obligaba a los niños indígenas americanos a asistir a internados. El objetivo era convertir a los niños indígenas americanos en ciudadanos estadounidenses. Los estudiantes no podían hablar su lengua nativa en la escuela y debían usar ropa estadounidense. Muchos de ellos olvidaron sus costumbres tribales.

José María

José María fue el principal jefe caddo desde 1842 hasta 1862. Firmó tratados de paz con Texas y con Estados Unidos. Sin embargo, no pudo detener los ataques de los asaltantes comanche y de los texanos. Finalmente accedió a trasladar a su tribu a una reservación.

niños indígenas americanos en un internado

En 1845 Texas se unió a Estados Unidos. Poco después los caddo y otras tribus se trasladaron a la reservación Brazos. Pero los asaltantes comanche robaban sus caballos. Los colonos de Texas culpaban a los caddo por los ataques comanche. En 1859 un grupo de texanos furiosos trató de matar a los caddo de la reservación Brazos. Finalmente, los caddo se trasladaron a una reservación en Oklahoma.

jefe José María

Acta Dawes

Henry Dawes fue el autor del Acta de Asignación General de **parcelas de** Dawes, o Acta Dawes. Él quería ayudar a los indígenas americanos. Pensaba que el gobierno de Estados Unidos debía ayudar a "civilizarlos". Al igual que la mayoría de los estadounidenses blancos, Dawes creía que las personas necesitaban poseer tierras para ser civilizadas. El Acta Dawes estaba diseñada para civilizar a los indígenas americanos dividiendo sus tierras entre ellos mismos.

De acuerdo con el acta se dividieron muchas tierras de las reservaciones y se repartieron entre los varones adultos. Las tierras que quedaran sin repartir se podían vender a los colonos blancos. Pero los indígenas americanos estaban acostumbrados a compartir sus tierras entre sí. Les resultó muy difícil adaptarse al nuevo estilo de vida. Hacia 1932 los colonos blancos eran dueños de las dos terceras partes de las tierras originales del Acta Dawes.

Los comanche abandonan las llanuras

El dominio de los comanche sobre las llanuras terminó con las enfermedades y la guerra. Las reservaciones y las leyes de tierras les quitaron sus hogares. Las **epidemias** de viruela en 1780 y 1816 eliminaron a bandas enteras de comanche. Durante la década de 1840 los buscadores de oro pasaron por la Comanchería de camino a California, trayendo consigo otra oleada mortal de viruela y **cólera**.

Muchos comanche también murieron peleando contra los *Rangers* de Texas. Los *Rangers* eran agentes del orden del estado. Protegían a los colonos de los ataques de los indígenas americanos. Pero no mantenían a la gente alejada de las tierras comanche. Los *Rangers* también se vengaban cuando los comanche atacaban a los colonos en la Comanchería.

En 1867 la mayoría de los grupos comanche firmaron el tratado de Medicine Lodge. Abandonaron sus tierras a cambio de una reservación en Oklahoma. Los kwahadi se quedaron en las llanuras. Pero pronto conocieron a un nuevo enemigo. Los cazadores estadounidenses de bisontes mataron a millones de bisontes de las llanuras. Los kwahadi perdieron la lucha contra los cazadores y el ejército de Estados Unidos. En 1875 los kwahadi se trasladaron a una reservación.

Acta Dawes

El Acta Dawes de 1887 dividió las tierras de las reservaciones. El objetivo del acta era ayudar a los indígenas americanos a ser dueños de su propia tierra. Pero al final le permitió a los colonos blancos comprar la mayor parte de las tierras indígenas.

el consejo de paz de 1867
en el arroyo Medicine Lodge

Manteniendo vivas sus culturas

Los caddo en la actualidad

En 1928 un informe vinculó la pobreza de los indígenas americanos con las parcelas de tierra que no podían cultivarse. En 1934 el congreso aprobó el Acta de reorganización de los indios. Dio por terminada la asignación de tierras. También devolvió las tierras de la reservación a los indígenas americanos. Muchas tribus indígenas americanas pasaron a ser tribus reconocidas federalmente por el gobierno estadounidense. Eso significa que se convirtieron en naciones libres con sus propias leyes. Estas tribus también recibieron fondos especiales y derechos a la tierra.

bailarines caddo

Los kadohadacho, hasinai y natchitoches pasaron a ser reconocidos federalmente como la tribu indígena caddo de Oklahoma en 1938. Los caddo iniciaron su propio gobierno tribal. En 2002 cambiaron su nombre al de Nación caddo de Oklahoma.

En la actualidad, muchos de los caddo viven en el oeste de Oklahoma. Se reúnen para celebrar eventos especiales. Usan ropa caddo antigua en los festivales. Sirven pan frito y otros alimentos de los caddo. Los caddo también cantan y bailan las canciones de sus ancestros. Trabajan mucho para mantener viva la cultura caddo.

jefe White Bread

White Bread

White Bread fue un respetado líder caddo desde 1902 hasta 1913. Dirigía ceremonias de danzas de los espíritus. En estas ceremonias había un poste de danza de los espíritus pintado de negro por la muerte y verde por la renovación. Como jefe, White Bread viajó a menudo a Washington, DC, para luchar por los derechos de los caddo.

Danzas caddo

La danza del pavo es un baile de mujeres que da inicio a cada festival caddo. Durante la danza del pavo se cantan canciones sobre la historia de los caddo. Al caer la noche los hombres y niños realizan la danza del tambor. Llevan un tambor alrededor de un círculo. También cantan canciones sobre los comienzos de la tribu caddo sobre la Tierra.

Mujeres caddo comienzan la danza del pavo.

Manteniendo viva la lengua

En 1993 la Nación comanche fundó el Comité de preservación de la lengua y la cultura comanche (*CLCPC* por sus siglas en inglés). Su misión es mantener viva la lengua comanche. El *CLCPC* enseña a las personas comanche a hablar y escribir en su lengua. Creó un alfabeto comanche oficial en 1994.

Codificadores

Durante las guerras mundiales Estados Unidos entrenó a indígenas americanos como codificadores. Los codificadores eran soldados que enviaban mensajes secretos usando códigos basados en las lenguas indígenas americanas. Catorce soldados comanche actuaban como codificadores. Utilizaban un código basado en la lengua comanche. La palabra comanche para *tortuga* significaba "tanque". *Avión preñado* significaba "bombardero".

Los comanche en la actualidad

En 1967 los comanche fueron reconocidos federalmente como Nación comanche de Oklahoma. Escribieron su propia **constitución**, o conjunto de leyes. En la actualidad existen alrededor de 20,000 comanche en Estados Unidos. La mitad de ellos viven en tierras de reservaciones en el suroeste de Oklahoma.

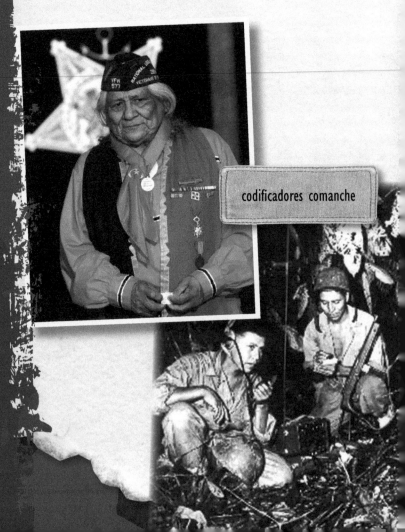

codificadores comanche

niño comanche

Los comanche enseñan a sus hijos sobre la forma de vida de sus ancestros. Los comanche celebran ferias anuales. Disfrutan de la comida tradicional, los juegos y la música. Los comanche trabajan mucho para preservar sus artes y su lengua. También protegen su historia y sus **monumentos**.

Los caddo y los comanche son estadounidenses. Llevan vidas similares a las de otros estadounidenses modernos. Pero también forman parte de las naciones indígenas americanas. Son **descendientes** directos de los primeros estadounidenses. Sus tribus sobrevivieron a la guerra, a las enfermedades y a la pérdida de sus tierras. Pero los caddo y los comanche siguen honrando a la tierra y a los espíritus. Están orgullosos de sus culturas y de su historia, y continúan transmitiéndolas a las generaciones futuras.

Glosario

alianzas: asociaciones de grupos que aceptan cooperar para alcanzar objetivos en común

arqueólogos: científicos que estudian a la gente de la antigüedad y sus culturas

cólera: una infección que produce una enfermedad grave en el estómago y a veces la muerte

colonia: un país o área bajo el control de otro país; el grupo de personas que viven allí

confederaciones: grupos unidos de tribus o bandas indígenas americanas

constitución: una declaración escrita que explica las leyes básicas de un estado o país

cuero cabelludo: piel que cubre la parte superior de la cabeza, generalmente cubierta de cabello

descendientes: gente que puede rastrear a sus ancestros o su linaje hasta un grupo en particular

epidemias: brotes de enfermedad generalizados

fortificadas: protegidas o fortalecidas contra los ataques

matrilineal: transmitido o heredado a través de la familia de la madre

mocasines: zapatos de cuero blando sin tacones

mohawk: larga franja de cabello en el centro de la cabeza

monumentos: edificios o estatuas importantes

nómada: que no tiene hogar fijo; que se mueve con las estaciones del año en busca de alimento

oraban: honraban o adoraban a algo o alguien, generalmente un dios

parcela: un sector pequeño de tierra

rastra: un trineo hecho con un armazón y dos postes que se sujetan a un caballo

reservaciones: áreas de tierra apartadas por el gobierno federal para los indígenas americanos

taparrabos: tela que se usaba alrededor de las caderas

tintineante: que hace una serie de sonidos resonantes o sonoros

tipis: tiendas de forma cónica usadas como refugio

tratado: un acuerdo legal entre dos gobiernos

turquesa: piedra semipreciosa, verde azulada, que se utiliza en joyería

viruela: una enfermedad causada por un virus; se caracteriza por fiebre y sarpullido en la piel

Índice

¡Es tu turno!

Los indígenas americanos fueron las primeras personas que vivieron en Texas. Dos de las tribus principales de la región fueron los caddo y los comanche. Los caddo vivían en el este de Texas, en el valle del río Rojo. Se convirtieron en agricultores y comerciantes expertos. Los comanche eran cazadores nómadas. Perseguían a las manadas de búfalos por las llanuras de Texas. Eran entrenadores de caballos expertos. También eran conocidos por atacar a otras tribus y colonias blancas.

¿Cuál elegirías ser?

Las tribus caddo y comanche fueron los primeros residentes de Texas. Pero sus formas de vida eran muy diferentes. ¿Qué forma de vida te habría gustado más? Escribe un párrafo para explicar las razones de tu elección.